KB177596

가장 쉬운 예쁜

독학

"손글씨"

악필 교정!! 나만의 바른 손글씨 만들기!!
가장 쉬운
독학 예쁜 손글씨

개정판 2쇄 발행 2024년 1월 10일

지은이 | 몽땅연필
발행인 | 김태웅
기획 | 김철영
진행 | 상:想 company
디자인 | 상:想 company
마케팅 총괄 | 김철영
마케팅 | 동양북스 온라인팀
제작 | 현대순

발행처 | (주)동양북스
등록 | 제2014-000055호(2014/2/17)
주소 | 서울시 마포구 동교로 22길 14(04030)
구입 문의 | 02-337-1737
팩스 | 02-334-6624
홈페이지 | https://www.dongyangbooks.com
인스타그램 | https://www.instagram.com/dongyangbook
블로그 | blog.naver.com/dymg98

ISBN 979-11-5768-798-5(13700)

악필 교정!! 나만의 바른 손글씨 만들기!!

가장 쉬운

독학 예쁜

"손글씨"

몽땅연필 · 동양편집부 저

동양북스

컴퓨터와 휴대폰이 종이의 자리를 대신하면서 손으로 펜을 잡고 글자를 쓰는 일이 점점 줄어들고 있습니다. 그러다 보니 메모나 축하 카드를 쓰거나 노트나 다이어리 등에 글을 쓸 때면 한 글자, 한 줄이라도 바르게 쓰려고 무척이나 신경을 쓰게 됩니다.

그런데 바른 글씨는 어떻게 쓴 글씨일까요? 저는 책에서 보는 글씨처럼 반듯하고 가지런한 글씨만이 바른 글씨는 아니라고 생각합니다. 전달하고자 하는 의미를 정확하게 전달할 수 있도록 가독성 있으면서도 자신의 감정과 개성을 드러낼 수 있으면 바른 글씨라고 생각합니다.

이 책은 여러 가지 글씨체를 연습한 뒤 자신에게 맞는 글씨체를 찾는 것에 목적을 두고 있습니다. 내게 맞는 글씨체를 찾은 뒤에는 더 연습하고 발전시켜 나만의 바르고 개성 있는 글씨체를 갖게 되길 바랍니다.

Part 1 한글 자음과 모음, 글씨 쓰는 방법 이해하기

한글의 자음과 모음을 살펴본 뒤 기본적인 글씨 쓰기 방법을 이해하도록 구성했습니다.

Part 2 바탕체와 둥근 글씨체로 기본 글씨 따라 쓰기

나만의 글씨체를 찾으려면 글씨체의 기본인 바탕체(명조체)와 자유로운 손글씨인 둥근 글씨체를 많이 따라 써 보는 것이 좋습니다. 먼저 바탕체로 자음과 모음의 글자 균형을 익힌 뒤 단어를 따라 씁니다. 이어서 둥근 글씨체로 단어 쓰기를 연습하면서 기본적인 글씨 쓰는 방법을 익힙니다.

안녕하세요	안녕하세요
바탕체(명조체)	둥근 글씨체

이 책에서는 기본 글씨체인 바탕체와 둥근 글씨체를 연습할 수 있습니다.

Part 3 바탕체와 둥근 글씨체로 문장 따라 쓰기

먼저 자간과 행간의 개념을 이해하고 1줄 문장, 2줄 문장, 단락 쓰기를 연습할 수 있도록 구성했습니다.

> ○ 1줄 문장 따라 쓰기
>
> **오랫동안 꿈을 그려 온 사람은 마침내 그 꿈을 닮아 간다. - 앙드레 말로**
>
> 오랫동안 꿈을 그려 온 사람은 마침내 그 꿈을 닮아 간다. - 앙드레 말로 ◀── 인쇄된 문장 위에 따라 쓰기
>
> ◀── 인쇄된 문장 없이 따라 쓰기

Part 4 다양한 생활 속 글씨 쓰기

숫자와 알파벳, 생활 속에서 많이 사용하는 문구를 여러 가지 글씨체로 연습할 수 있도록 구성했습니다.

Part 5 내용에 어울리는 글씨 쓰기

글씨에도 감정이 드러나기 때문에 글씨를 쓸 때는 글의 내용에 어울리는 글씨체를 생각해 보고 연습할 수 있도록 구성했습니다.

부록 연습 노트 활용법

부록은 글씨 쓰기를 할 때 자신이 좀 더 쉽게 쓸 수 있는 글씨체를 골라 변화를 주면서 연습할 수 있는 연습 노트로 구성했습니다. 또한 글씨를 쓸 때는 속도도 중요하기 때문에 글을 쓰는 시간을 체크할 수 있도록 구성했습니다.

※ 활용할 수 있는 연습 노트는 동양북스 홈페이지(www.dongyangbooks.com/자료실)에서 다운받으실 수 있으며, 오른쪽 QR 코드를 통해서도 해당 페이지로 바로 이동하실 수 있습니다.

글씨 쓰기에 앞서
알아두면 좋은 것들
}1

Part 1 구성 : 한글 자모의 특징

우리가 잊고 있던, 몰랐던 한글의 특징을 짤막하게 알아두기

⬡ 글씨 쓰기에 앞서 한글에 대해 알아두기

1446년(세종 28년) 반포되었던 한글은 모두 28자였지만 세월이 흐르면서 쓰임새가 적은 'ㆍ(아래아), ㆆ(여린히읗), ㅿ(반시옷), ㆁ(꼭지이응)' 4글자는 사라지고 현재는 24자를 사용하고 있습니다. 그러나 사라진 4글자는 세상의 모든 소리는 물론 정확한 외국어 발음 표기를 가능하게 했다고 합니다.

■ 한글 자음 순서

훈민정음에 따르면 한글의 자음은 아, 설, 순, 치, 후, 반설, 반치음의 순서에 따라 만들었습니다.

아음 (엄소리)	설음 (혓소리)	순음 (입시울소리)	치음 (잇소리)	후음 (목소리)	반설음	반치음
ㄱ	ㄷ	ㅂ	ㅈ	ㆆ	ㄹ	ㅿ
ㅋ	ㅌ	ㅍ	ㅅ	ㅎ		
ㆁ	ㄴ	ㅁ	ㅊ	ㅇ		

그런데 1527년(중종 22년), 최세진이라는 사람에 의해 이 순서가 재정리되었습니다. 초성과 종성에 자주 쓰이는 8글자를 아, 설, 반설, 순, 치, 반치, 후음의 순서에 따라 'ㄱ ㄴ ㄷ ㄹ ㅁ ㅂ ㅅ ㆁ'으로 정리하여 앞에 두고, 초성에만 쓰이는 8글자를 아, 설, 순, 치, 후음의 순서에 따라 'ㅋ ㅌ ㅍ ㅈ ㅊ ㅿ ㅇ ㅎ'으로 정리하여 뒤에 두었다고 합니다.

이후 1930년대에 '언문철자법'이 공표되면서 다시 한번 순서가 바뀌었고, 1933년 '한글맞춤법 통일안'을 거쳐 오늘날과 같은 순서가 되었습니다. 다만 그중에서 쓰임이 적은 'ㅿ(반시옷), ㆁ(꼭지이응)'은 사라져 현재는 14개의 자음을 사용하고 있습니다.

자음 쓰는 순서

■ 한글 모음 순서

처음 한글이 반포되었을 때의 모음 순서는 'ㅡ ㅣ ㅗ ㅏ ㅜ ㅓ ㅛ ㅑ ㅠ ㅕ'였습니다. 모음 역시 최세진에 의해 아이들이 발음하기 좋은 순서대로 다시 정리되었다고 합니다. 발음할 때 벌어지는 입 모양의 크기에 따라 'ㅏ ㅑ ㅓ ㅕ ㅗ ㅛ ㅜ ㅠ ㅡ ㅣ ㆍ' 순서로 정리했는데, 이후 'ㆍ(아래아)'가 사라지면서 오늘날에는 10개의 모음을 사용하고 있습니다.

모음 쓰는 순서

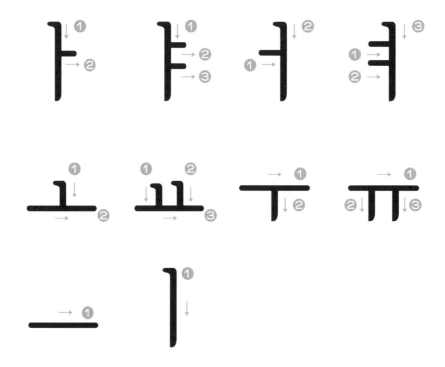

⬡ 자음과 모음의 위치

한글이 창제되었을 때의 한글 쓰기는 세로줄 쓰기와 네모꼴에 맞춰 쓰는 것을 기본으로 하였다고 합니다. 그래서 한글 쓰기 연습을 시작할 때는 네모줄 칸에 맞춰 쓰도록 연습하는 것이 좋습니다. 우선 네모 칸에 가로세로 줄을 그어 4칸으로 나누고 자음과 모음, 받침의 위치를 확인한 뒤 조화롭게 쓰도록 연습해야 합니다.

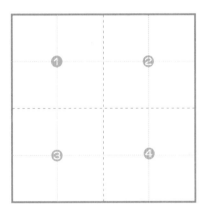

■ 받침 없는 글자

모음에 따라 자음의 위치가 달라지는 점에 유의합니다.

자음+ ㅏ, ㅑ, ㅓ, ㅕ, ㅣ

자음은 ❶과 ❸의 중간에, 모음은 ❷와 ❹의 중간에 씁니다. 전체적인 글자 모양은 세모 모양이 됩니다.

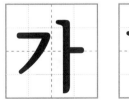 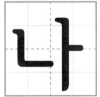

자음 + ㅗ, ㅛ, ㅜ, ㅠ, ㅡ

자음은 ❶과 ❷의 중간에, 모음은 ❸과 ❹의 중간에 씁니다. 전체적인 글자 모양은 세모나 마름모 모양

이 됩니다.

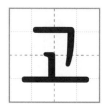 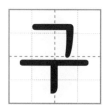

■ 받침 있는 글자

자음 + ㅏ, ㅑ, ㅓ, ㅕ, ㅣ + 받침

자음은 ❶의 중간에, 모음은 ❷의 중간에, 받침은 ❸과 ❹의 중간에 씁니다. 전체적인 글자 모양은 세모

모양이 됩니다.

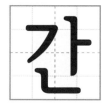 

자음 + ㅗ, ㅛ, ㅜ, ㅠ, ㅡ + 받침

자음은 ❶과 ❷의 중간에, 모음은 가로 세로선 중간, 받침은 ❸과 ❹중간에 씁니다. 전체적인 글자의 모양

은 마름모 모양이 됩니다.

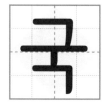 

◆ 글씨 쓰기 기본 : 바른 연필 잡기

글씨를 잘 쓰기 위해서 가장 중요한 것은 연필을 잡는 자세입니다. 연필 잡는 자세가 바르지 못하면 몇 글
자만 써도 손이 아프거나 글자가 삐뚤빼뚤해지고 글줄이 뒤죽박죽이 됩니다. 여기에서는 연필 잡는 바른
방법에 대해 살펴보겠습니다.

■ 바른 연필 잡기

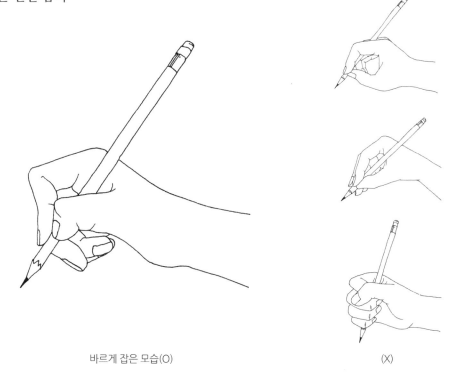

바르게 잡은 모습(O)   (X)

❶ 엄지와 검지를 모아 연필심으로부터 3~4cm 정도 떨어진 부분을 가볍게 쥐어 줍니다.

❷ 중지의 첫마디로 연필의 아랫부분을 살짝 받쳐 줍니다.

❸ 약지는 중지에 붙이고 새끼손가락으로 바닥을 받쳐 줍니다. 손은 전체적으로 살짝 주먹을 쥔 모습이 되도록 합니다.

❹ 연필과 종이 사이의 각도는 약 60도 정도가 되도록 합니다.

❺ 글씨를 쓸 때는 손목이나 손등이 위나 아래로 꺾이지 않도록 합니다.

❻ 의자에 앉을 때는 엉덩이를 의자 끝에 붙이고 허리와 어깨는 바르게 폅니다. 턱은 안으로 살짝 잡아당겨 시선을 아래로 하고 종이와 약 50cm 정도의 거리를 유지합니다.

글씨를 잘 쓰기 위한 팁

❶ **연필 사용하기** : 처음 글씨 쓰기 연습을 할 때는 연필을 사용하는 것이 좋습니다. 부드럽고 진한 B나 2B연필이 좋습니다.

❷ **줄 노트 사용하기** : 글씨를 쓰다 보면 글줄이 점점 위로 가는 경우가 많습니다. 처음에는 줄 노트에 연습을 하다가 어느 정도 줄 쓰기에 익숙해지면 줄 없는 노트에 쓰는 것이 좋습니다.

❸ **미색 종이 노트 사용하기** : 너무 하얀 종이를 오래 사용하다 보면 눈이 피곤해집니다. 가급적이면 미색 종이를 사용하는 것이 눈 건강에 도움이 된답니다.

⬡ 글씨 쓰기 손 풀기 : 선과 도형 그리기

하나의 글자는 여러 가지 선이 연결되어 완성됩니다. 직선, 곡선, 사선 등 다양한 선 그리기는 글씨 쓰기 연습에도 도움이 되고 연필 잡는 방법도 연습할 수 있어 좋습니다. 연필로 여러 번 반복하여 연습하면 글씨 쓰기가 수월해집니다.

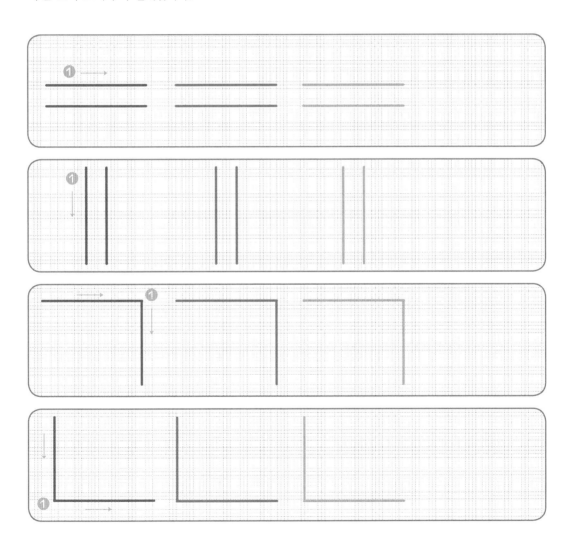

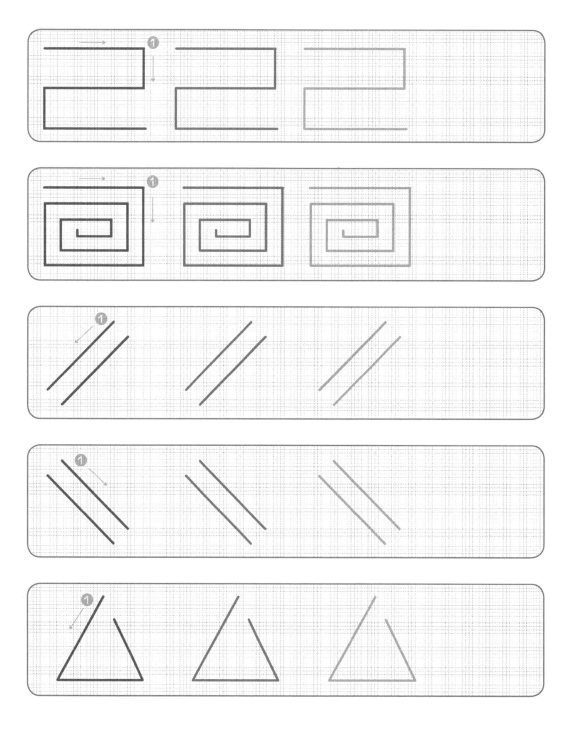

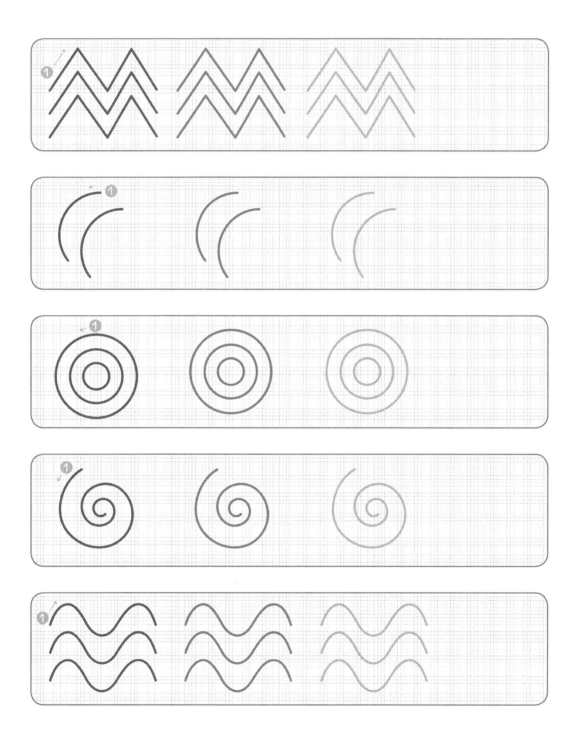

⬡ 펜의 종류에 따른 손 풀기 : 선과 도형 그리기

사람마다 자신에게 맞는 펜이 있고, 글의 목적에 따라 펜의 굵기도 달라집니다. 여러 가지 펜으로 직선

과 곡선, 사선 그리기를 연습하여 다양한 펜이 손에 익숙해지도록 하는 것이 좋습니다.

볼펜이나 프러스펜으로 가는 선 연습

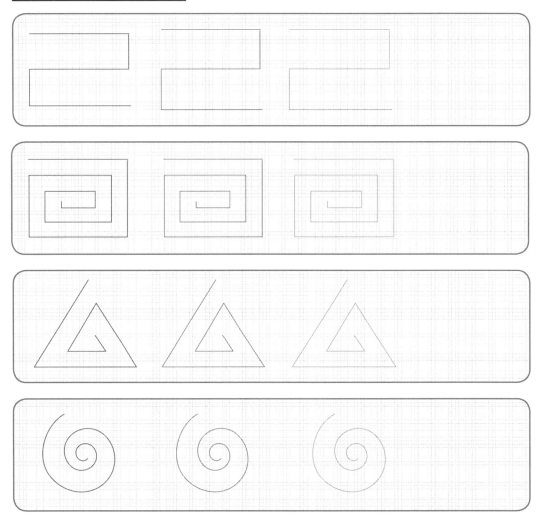

매직이나 붓펜으로 두꺼운 선 연습

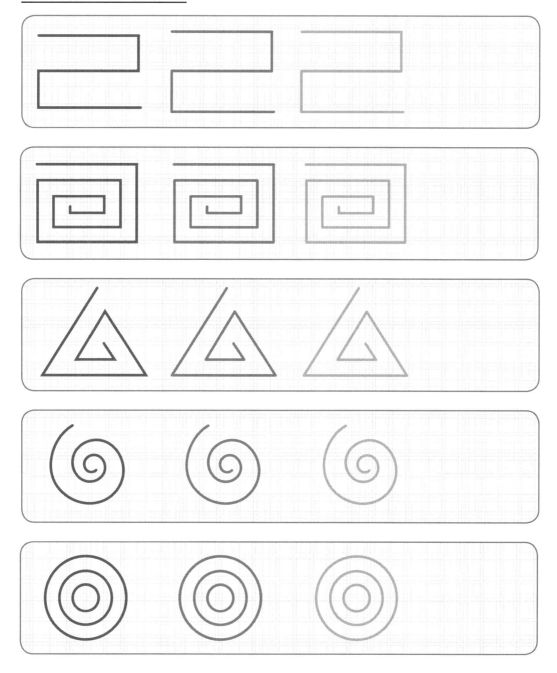

기본 글씨
따라 쓰기 }2

Part 2 구성 : 글씨 쓰기 연습하기

Part 1에서는 한글의 구조와 글씨 쓰는 바른 자세에 대해 살펴본 뒤 다양한 선 그리기 연습을 했습니다.

연필 잡기에 익숙해졌다면 이제부터는 본격적인 글씨 쓰기 연습을 시작하겠습니다.

Part 2에서는 같은 단어를 두 가지 글씨체로 연습하면서 글씨체에 따른 느낌의 차이를 살펴보겠습니다.

⬡ 두 가지 글씨체

바탕체(명조체)는 책이나 잡지 등에서 가장 흔하게 보는 글씨체이지만 직접 쓰기에는 쉽지 않은 글씨체입니다. 그래서 펜글씨나 서예를 배울 때도 대부분 명조 계열의 글자 연습을 먼저 했던 것 같습니다. 우리 책에서도 먼저 바탕체(명조체)를 연습한 뒤, 일상생활에서 활용할 수 있는 둥근 글씨체를 연습하도록 하겠습니다.

※ 본 책에서는 딱딱하지 않고 부드럽게 쓸 수 있는 글씨체들을 기본으로 사용했습니다.
  글씨체에 대한 느낌은 개인적인 차이가 있을 수 있으므로 참고로 활용하시기를 바랍니다.

안녕하세요	**안녕하세요**
바탕체(명조체)	둥근 글씨체
차분하고 안정적인 느낌	자유로운 느낌

○ 자모음 조화와 자간

보기 좋은 글씨는 자음과 모음이 조화롭고 글자와 글자 사이의 간격이 적당한 글씨입니다. 먼저 자음과

모음 따라 쓰기를 통해 자모음의 조화를 익힌 뒤 2글자 단어, 3글자 단어, 사자성어, 긴 단어를 순서대로

따라 쓰며 자간을 익히도록 하겠습니다.

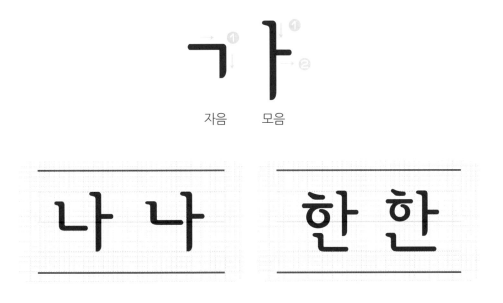

자음   모음

○ 나에게 맞는 글씨체 찾기

아무리 예쁜 글씨도 자신과 맞지 않으면 쓸 수가 없습니다. 따라 쓰기 연습을 하면서 자신에게 맞는 글씨

체 유형을 파악한 뒤 연습을 많이 것이 좋습니다.

02

바탕체(명조체) 기본 따라 쓰기

바탕체(명조체)는 가장 기본이 되는 글씨체로 자음과 모음, 그리고 여러 단어를 따라 쓰면서 글씨체 익히기

◐ 자음과 모음

ㄱ 가 갸 거 겨 고 교 구 규 그 기

가 갸 거 겨 고 교 구 규 그 기

ㄴ 나 냐 너 녀 노 뇨 누 뉴 느 니

나 냐 너 녀 노 뇨 누 뉴 느 니

ㄷ 다 댜 더 뎌 도 됴 두 듀 드 디

다 댜 더 뎌 도 됴 두 듀 드 디

ㄹ 라 랴 러 려 로 료 루 류 르 리

라 랴 러 려 로 료 루 류 르 리

ㅁ 마 먀 머 며 모 묘 무 뮤 므 미

마 먀 머 며 모 묘 무 뮤 므 미

ㅂ 바 뱌 버 벼 보 뵤 부 뷰 브 비

바 뱌 버 벼 보 뵤 부 뷰 브 비

ㅅ 사 샤 서 셔 소 쇼 수 슈 스 시

사 샤 서 셔 소 쇼 수 슈 스 시

ㅇ 아 야 어 여 오 요 우 유 으 이

아 야 어 여 오 요 우 유 으 이

ㅈ 자 쟈 저 져 조 죠 주 쥬 즈 지

자 쟈 저 져 조 죠 주 쥬 즈 지

ㅊ 차 챠 처 쳐 초 쵸 추 츄 츠 치

차 챠 처 쳐 초 쵸 추 츄 츠 치

ㅋ 카 캬 커 켜 코 쿄 쿠 큐 크 키

카 캬 커 켜 코 쿄 쿠 큐 크 키

ㅌ 타 탸 터 텨 토 툐 투 튜 트 티

타 탸 터 텨 토 툐 투 튜 트 티

ㅍ 파 퍄 퍼 펴 포 표 푸 퓨 프 피

파 퍄 퍼 펴 포 표 푸 퓨 프 피

ㅎ 하 햐 허 혀 호 효 후 휴 흐 히

하 햐 허 혀 호 효 후 휴 흐 히

| ㄲ | 까 | 까 | 꺼 | 껴 | 꼬 | 꾜 | 꾸 | 뀨 | 끄 | 끼 |

까 까 꺼 껴 꼬 꾜 꾸 뀨 끄 끼

| ㄸ | 따 | 땨 | 떠 | 뗘 | 또 | 뚀 | 뚜 | 뜌 | 뜨 | 띠 |

따 땨 떠 뗘 또 뚀 뚜 뜌 뜨 띠

| ㅃ | 빠 | 뺘 | 뻐 | 뻐 | 뽀 | 뾰 | 뿌 | 쀼 | 쁘 | 삐 |

빠 뺘 뻐 뻐 뽀 뾰 뿌 쀼 쁘 삐

| ㅆ | 싸 | 쌰 | 써 | 쎠 | 쏘 | 쑈 | 쑤 | 쓔 | 쓰 | 씨 |

싸 쌰 써 쎠 쏘 쑈 쑤 쓔 쓰 씨

| ㅉ | 짜 | 쨔 | 쩌 | 쪄 | 쪼 | 쬬 | 쭈 | 쮸 | 쯔 | 찌 |

짜 쨔 쩌 쪄 쪼 쬬 쭈 쮸 쯔 찌

⬡ 된소리

ㄲ	깎	꺾	겪	낚	닦	덖
	깎	꺾	겪	낚	닦	덖

	밖	볶	섞	엮
	밖	볶	섞	엮

ㄸ	딱딱	딱따구리	땅	뚝딱뚝딱
	딱딱	딱따구리	땅	뚝딱뚝딱

ㅃ	빠삐용	삐딱하다	뽀드득	뻥하다	뿡
	빠삐용	삐딱하다	뽀드득	뻥하다	뿡

ㅆ	째근거리다	쑥	싹둑	쌍둥이	쑥떡
	째근거리다	쑥	싹둑	쌍둥이	쑥떡

짜	찍찍	짹짹	쨍쨍	쩍	쭉쭉	쩝쩝
	찍찍	짹짹	쨍쨍	쩍	쭉쭉	쩝쩝

◆ 겹받침

ㄳ	넋	삯	몫
	넋	삯	몫

ㄵ	앉	엱
	앉	엱

ㄶ	끓	찮	많	않	짢
	끓	찮	많	않	짢

| ㄺ | 닭 | 밝 | 칡 | 흙 | 맑 | 늙 | 묽 | 얽 |

| ㄺ | 닭 | 밝 | 칡 | 흙 | 맑 | 늙 | 묽 | 얽 |

| ㄻ | 닮 | 젊 | 삶 | 굶 |

| ㄻ | 닮 | 젊 | 삶 | 굶 |

| ㄼ | 밟 | 짧 | 넓 | 덟 |

| ㄼ | 밟 | 짧 | 넓 | 덟 |

| ㄽ | 곬 | 뭀 |

| ㄽ | 곬 | 뭀 |

| ㄾ | 핥 | 훑 |

| ㄾ | 핥 | 훑 |

ㄹㅍ	읊	흝						
	읊	흝						

ㄹㅎ	잃	싫	옳	끓	뚫	꿇	곯	닳
	잃	싫	옳	끓	뚫	꿇	곯	닳

ㅂㅅ	값	없						
	값	없						

⬡ 자주 쓰는 2글자 단어 : 받침 없는 2글자

기차　기차　기차

나라　나라　나라

다리　다리　다리

러그　러그　러그

머리　머리　머리

바지　바지　바지

사자　사자　사자

여자　여자　여자

제비　제비　제비

차례　차례　차례

커피	커피	커피

토끼	토끼	토끼

피자	피자	피자

허세	허세	허세

⚙ 자주 쓰는 2글자 단어 : 받침 있는 2글자

가방	가방	가방

남자	남자	남자

당근	당근	당근

라면	라면	라면

면접	면접	면접

보물　　보물　　보물

시간　　시간　　시간

애정　　애정　　애정

주름　　주름　　주름

취업　　취업　　취업

쿠션　　쿠션　　쿠션

터널　　터널　　터널

파랑　　파랑　　파랑

하얀　　하얀　　하얀

◑ 자주 쓰는 3글자 단어 : 받침 없는 3글자

개나리　개나리　개나리

너구리　너구리　너구리

두더지　두더지　두더지

라디오　라디오　라디오

마사지　마사지　마사지

바가지　바가지　바가지

스토커　스토커　스토커

여우비　여우비　여우비

주머니　주머니　주머니

치커리　치커리　치커리

코끼리   코끼리   코끼리

티셔츠   티셔츠   티셔츠

파나마   파나마   파나마

하모니   하모니   하모니

◑ 자주 쓰는 3글자 단어 : 받침 있는 3글자

거짓말   거짓말   거짓말

눈사람   눈사람   눈사람

다람쥐   다람쥐   다람쥐

라이벌   라이벌   라이벌

마케팅   마케팅   마케팅

봉선화 봉선화 봉선화

스무살 스무살 스무살

임차료 임차료 임차료

정치인 정치인 정치인

차림표 차림표 차림표

코뿔소 코뿔소 코뿔소

토요일 토요일 토요일

프랑스 프랑스 프랑스

화장지 화장지 화장지

◯ 자주 쓰는 4글자 단어 : 사자성어

각주구검	각주구검	각주구검
거두절미	거두절미	거두절미
낙화유수	낙화유수	낙화유수
낭중지추	낭중지추	낭중지추
동분서주	동분서주	동분서주
동상이몽	동상이몽	동상이몽
망년지교	망년지교	망년지교
명약관화	명약관화	명약관화
반신반의	반신반의	반신반의
백해무익	백해무익	백해무익

새옹지마	새옹지마	새옹지마
수불석권	수불석권	수불석권
실사구시	실사구시	실사구시
어부지리	어부지리	어부지리
우공이산	우공이산	우공이산
유구무언	유구무언	유구무언
전화위복	전화위복	전화위복
점입가경	점입가경	점입가경
천재일우	천재일우	천재일우
청출어람	청출어람	청출어람
타산지석	타산지석	타산지석

탁상공론	탁상공론	탁상공론
토사구팽	토사구팽	토사구팽
표리부동	표리부동	표리부동
풍전등화	풍전등화	풍전등화
함흥차사	함흥차사	함흥차사
화룡점정	화룡점정	화룡점정
회자정리	회자정리	회자정리

긴 단어 쓰기

| 고추잠자리 | 고추잠자리 |
| 꼬마하루살이 | 꼬마하루살이 |

나이팅게일	나이팅게일
누그러트리다	누그러트리다
다이아몬드	다이아몬드
도깨비방망이	도깨비방망이
라이트형제	라이트형제
로봇청소기	로봇청소기
루마니아어	루마니아어
마지막 잎새	마지막 잎새
뮤직비디오	뮤직비디오
버스터미널	버스터미널
방울토마토	방울토마토

사하라사막　　사하라사막

수수꽃다리　　수수꽃다리

스파이더맨　　스파이더맨

아이스크림　　아이스크림

에델바이스　　에델바이스

엘리베이터　　엘리베이터

오므라이스　　오므라이스

자동판매기　　자동판매기

전기자동차　　전기자동차

초록물고기　　초록물고기

초현실주의　　초현실주의

카시오페이아　　카시오페이아

크리스마스　　크리스마스

터벅거리다　　터벅거리다

토닥거리다　　토닥거리다

파닥파닥하다　　파닥파닥하다

파라다이스　　파라다이스

폴짝폴짝 뛰다　　폴짝폴짝 뛰다

필라델피아　　필라델피아

화이트데이　　화이트데이

함초롬하다　　함초롬하다

히비스커스　　히비스커스

둥근 글씨체 기본 따라 쓰기

둥근 글씨체는 자유로운 손글씨체로 자모음 연습 없이 바로 단어를 따라 쓰면서 글씨체 익히기

◐ 자주 쓰는 2글자 단어 : 받침 없는 2글자

기차	기차	기차
나라	나라	나라
다리	다리	다리
러그	러그	러그
머리	머리	머리
바지	바지	바지
사자	사자	사자
여자	여자	여자

제비	제비	제비

차례	차례	차례

커피	커피	커피

토끼	토끼	토끼

피자	피자	피자

허세	허세	허세

◆ 자주 쓰는 2글자 단어 : 받침 없는 2글자

가방	가방	가방

남자	남자	남자

당근	당근	당근

라면	라면	라면

면접 면접 면접

보물 보물 보물

시간 시간 시간

애정 애정 애정

주름 주름 주름

취업 취업 취업

쿠션 쿠션 쿠션

터널 터널 터널

파랑 파랑 파랑

하얀 하얀 하얀

◑ 자주 쓰는 3글자 단어 : 받침 없는 3글자

개나리	개나리	개나리
너구리	너구리	너구리
두더지	두더지	두더지
라디오	라디오	라디오
마사지	마사지	마사지
바가지	바가지	바가지
스토커	스토커	스토커
여우비	여우비	여우비
주머니	주머니	주머니
치커리	치커리	치커리

코끼리   코끼리   코끼리

티셔츠   티셔츠   티셔츠

파나마   파나마   파나마

하모니   하모니   하모니

○ 자주 쓰는 3글자 단어 : 받침 있는 3글자

거짓말   거짓말   거짓말

눈사람   눈사람   눈사람

다람쥐   다람쥐   다람쥐

라이벌   라이벌   라이벌

마케팅   마케팅   마케팅

봉선화	봉선화	봉선화
스무살	스무살	스무살
임차료	임차료	임차료
정치인	정치인	정치인
차림표	차림표	차림표
코뿔소	코뿔소	코뿔소
토요일	토요일	토요일
프랑스	프랑스	프랑스
화장지	화장지	화장지

● 자주 쓰는 4글자 단어 : 사자성어

각주구검	각주구검	각주구검
거두절미	거두절미	거두절미
낙화유수	낙화유수	낙화유수
낭중지추	낭중지추	낭중지추
동분서주	동분서주	동분서주
동상이몽	동상이몽	동상이몽
망년지교	망년지교	망년지교
명약관화	명약관화	명약관화
반신반의	반신반의	반신반의
백해무익	백해무익	백해무익

새옹지마	새옹지마	새옹지마
수불석권	수불석권	수불석권
실사구시	실사구시	실사구시
어부지리	어부지리	어부지리
우공이산	우공이산	우공이산
유구무언	유구무언	유구무언
전화위복	전화위복	전화위복
점입가경	점입가경	점입가경
천재일우	천재일우	천재일우
청출어람	청출어람	청출어람
타산지석	타산지석	타산지석

탁상공론	탁상공론	탁상공론
토사구팽	토사구팽	토사구팽
표리부동	표리부동	표리부동
풍전등화	풍전등화	풍전등화
함흥차사	함흥차사	함흥차사
화룡점정	화룡점정	화룡점정
회자정리	회자정리	회자정리

❂ 긴 단어 쓰기

| 고추잠자리 | 고추잠자리 |
| 꼬마하루살이 | 꼬마하루살이 |

나이팅게일 나이팅게일

누그러트리다 누그러트리다

다이아몬드 다이아몬드

도깨비방망이 도깨비방망이

라이트형제 라이트형제

로봇청소기 로봇청소기

루마니아어 루마니아어

마지막 잎새 마지막 잎새

뮤직비디오 뮤직비디오

버스터미널 버스터미널

방울토마토 방울토마토

사하라사막	사하라사막
수수꽃다리	수수꽃다리
스파이더맨	스파이더맨
아이스크림	아이스크림
에델바이스	에델바이스
엘리베이터	엘리베이터
오므라이스	오므라이스
자동판매기	자동판매기
전기자동차	전기자동차
초록물고기	초록물고기
초현실주의	초현실주의

카시오페이아	카시오페이아
크리스마스	크리스마스
터벅거리다	터벅거리다
토닥거리다	토닥거리다
파닥파닥하다	파닥파닥하다
파라다이스	파라다이스
폴짝폴짝 뛰다	폴짝폴짝 뛰다
필라델피아	필라델피아
화이트데이	화이트데이
함초롬하다	함초롬하다
히비스커스	히비스커스

문장
따라 쓰기 }3

Part 3 구성 : 문장 쓰기 전 알아두기

실제 글씨 쓰기를 하다 보면 단어는 괜찮게 쓰지만 문장을 쓰기 시작하면 글씨가 들쑥날쑥하거나 글자 사이가 너무 벙벙하기도 하고 글줄이 점점 위로 올라가기도 합니다.

Part 3에서는 1줄짜리 짧은 문장을 따라 쓴 뒤 2줄짜리 문장과 단락을 따라 쓰도록 구성했습니다. 문장을 쓸 때는 다음 내용을 참고하여 자간, 행간, 띄어쓰기를 염두에 두고 연습하길 바랍니다.

⬡ 자간

2글자 이상을 쓸 때는 글자와 글자 사이의 간격, 단어와 단어 사이의 간격, 즉 자간이 아주 중요합니다. 특히 문장을 쓸 때는 자간을 좀 좁혀 쓰는 것이 좋습니다.

> 오랫동안
> 오랫동안
>
> 오랫동안 꿈을 그려 온 사람은 마침내 그 꿈을 닮아 간다.
>
> 오랫동안 꿈을 그려 온 사람은 마침내 그 꿈을 닮아 간다.

서로 연결된 단어와 문장은 같은 자간입니다.
보이는 것처럼 문장을 쓸 때는 자간이 넓으면 가독성이 떨어집니다.

◑ 띄어쓰기

글을 쓸 때 띄어쓰기를 잘못하면 전달하고자 하는 의미가 달라질 수 있습니다. 글을 쓸 때는 띄어쓰기를 정확하고 확실하게 하도록 연습해야 합니다.

글자와 글자의 사이 간격(자간) ┐   ┌ 낱말과 낱말 사이 간격(띄어쓰기)

오랫동안●꿈을●그려●온●사람은●마침내●그●꿈을●닮아●간다.

◑ 행간

긴 문장일수록 줄과 줄 사이의 간격, 즉 행간이 중요합니다. 특히 단락으로 된 글을 쓸 때는 행간을 조금 넓게 써야 답답하지 않고 가독성도 좋습니다. 문장을 쓸 때는 글자의 크기에 맞는 행간을 파악하며 연습해야 합니다.

하늘이 장차 큰일을 맡기려 할 때는 반드시 먼저 그 마음을   ◄── 줄과 줄 사이의

괴롭히고 신체를 고단하게 하며 배를 굶주리게 하고 생활을   ◄── 간격

곤궁에 빠뜨려 행하는 일마다 어지럽게 하나니 그것은 마음을

분발하게 하고 성질을 참게 하여 해내지 못했던 일을 능히 감

당할 수 있게 하기 위함이다. - 맹자

줄과 줄 사이의 간격을 넓게 하면 글자와 글자 사이에도 공간이 보입니다.
가독성이 좋아야 하는 글과 시나 에세이처럼 자유로운 글은 행간이나 자간을 달리해도 됩니다.
이 책은 보편적인 자간과 행간을 기본으로 하고 있으니
연습 노트로 다양한 글씨 쓰기 연습을 하는 것이 좋습니다.

바탕체(명조체) 문장 따라 쓰기

바탕체로 문장을 따라 쓰면서 자간과 행간도 익히며 글씨 쓰기 연습하기

◐ 1줄 문장 따라 쓰기

오랫동안 꿈을 그려 온 사람은 마침내 그 꿈을 닮아 간다. - 앙드레 말로

오랫동안 꿈을 그려 온 사람은 마침내 그 꿈을 닮아 간다. - 앙드레 말로

오랫동안 꿈을 그려 온 사람은 마침내 그 꿈을 닮아 간다. - 앙드레 말로

행복하게 여행하려면 가볍게 여행해야 한다. - 생텍쥐페리

행복하게 여행하려면 가볍게 여행해야 한다. - 생텍쥐페리

행복하게 여행하려면 가볍게 여행해야 한다. - 생텍쥐페리

걱정을 해서 걱정이 없으면 걱정이 없겠네. - 티베트 속담

걱정을 해서 걱정이 없으면 걱정이 없겠네. - 티베트 속담

걱정을 해서 걱정이 없으면 걱정이 없겠네. - 티베트 속담

군자는 입은 무겁게, 실천에는 민첩하려 애쓴다. - 공자

군자는 입은 무겁게, 실천에는 민첩하려 애쓴다. - 공자

군자는 입은 무겁게, 실천에는 민첩하려 애쓴다. - 공자

작은 시작에서 큰 것이 온다. - 영국 속담

작은 시작에서 큰 것이 온다. - 영국 속담

작은 시작에서 큰 것이 온다. - 영국 속담

일을 할 때는 겸손한 자세로 하라. - 율곡 이이

일을 할 때는 겸손한 자세로 하라. - 율곡 이이

일을 할 때는 겸손한 자세로 하라. - 율곡 이이

의지가 생기면 발걸음이 가벼워진다. - G. 허버트

의지가 생기면 발걸음이 가벼워진다. - G. 허버트

의지가 생기면 발걸음이 가벼워진다. - G. 허버트

인생의 목표가 가치 있을 때, 비로소 인생은 가치를 지니게 된다. - 헤겔

인생의 목표가 가치 있을 때, 비로소 인생은 가치를 지니게 된다. - 헤겔

인생의 목표가 가치 있을 때, 비로소 인생은 가치를 지니게 된다. - 헤겔

○ 2줄 문장 따라 쓰기

죽음을 두려워하는 태도가, 집에 돌아가는 길을 잃고 헤매는 어린아이와 같
은 태도가 아니라고 어찌 확신할 수 있겠는가? - 장자

죽음을 두려워하는 태도가, 집에 돌아가는 길을 잃고 헤매는 어린아이와 같
은 태도가 아니라고 어찌 확신할 수 있겠는가? - 장자

죽음을 두려워하는 태도가, 집에 돌아가는 길을 잃고 헤매는 어린아이와 같
은 태도가 아니라고 어찌 확신할 수 있겠는가? - 장자

뜻이 넓으나 굳세지 않으면 기준이 없고, 굳세나 넓지 않으면 좁아서 고루해
진다. - 주자

뜻이 넓으나 굳세지 않으면 기준이 없고, 굳세나 넓지 않으면 좁아서 고루해
진다. - 주자

뜻이 넓으나 굳세지 않으면 기준이 없고, 굳세나 넓지 않으면 좁아서 고루해
진다. - 주자

인간에게는 의식적인 노력으로 자신의 삶을 높일 능력이 분명히 있다는 것보
다 더 용기를 주는 사실은 없다. - 헨리 데이비드 소로

인간에게는 의식적인 노력으로 자신의 삶을 높일 능력이 분명히 있다는 것보
다 더 용기를 주는 사실은 없다. - 헨리 데이비드 소로

인간에게는 의식적인 노력으로 자신의 삶을 높일 능력이 분명히 있다는 것보
다 더 용기를 주는 사실은 없다. - 헨리 데이비드 소로

몸을 건강하게 유지하는 것은 나무와 구름을 비롯한 우주의 모든 만물에 대
한 감사의 표시다. - 틱낫한

몸을 건강하게 유지하는 것은 나무와 구름을 비롯한 우주의 모든 만물에 대
한 감사의 표시다. - 틱낫한

몸을 건강하게 유지하는 것은 나무와 구름을 비롯한 우주의 모든 만물에 대
한 감사의 표시다. - 틱낫한

● 단락 따라 쓰기

당신이 배를 만들고 싶다면, 사람들에게 목재를 가져오게 하고 일을 지시하고 일감을 나눠 주는 일을 하지 말라. 대신 그들에게 저 넓고 끝없는 바다에 대한 동경심을 키워 줘라. - 생텍쥐페리

당신이 배를 만들고 싶다면, 사람들에게 목재를 가져오게 하고 일을 지시하고 일감을 나눠 주는 일을 하지 말라. 대신 그들에게 저 넓고 끝없는 바다에 대한 동경심을 키워 줘라. - 생텍쥐페리

당신이 배를 만들고 싶다면, 사람들에게 목재를 가져오게 하고 일을 지시하고 일감을 나눠 주는 일을 하지 말라. 대신 그들에게 저 넓고 끝없는 바다에 대한 동경심을 키워 줘라. - 생텍쥐페리

이 슬픈 세상에서 슬픔은 누구에게나 찾아온다. 슬픔을 완전히 해소할 방법은 시간밖에 없다. 사람들은 시간이 지나면 괜찮아질 것이라는 사실을 바로 깨닫지 못한다. 그러나 이것은 실수다. 우리는 반드시 다시 행복해진다. - 에이브러햄 링컨

이 슬픈 세상에서 슬픔은 누구에게나 찾아온다. 슬픔을 완전히 해소할 방법은 시간밖에 없다. 사람들은 시간이 지나면 괜찮아질 것이라는 사실을 바로 깨닫지 못한다. 그러나 이것은 실수다. 우리는 반드시 다시 행복해진다. - 에이브러햄 링컨

이 슬픈 세상에서 슬픔은 누구에게나 찾아온다. 슬픔을 완전히 해소할 방법은 시간밖에 없다. 사람들은 시간이 지나면 괜찮아질 것이라는 사실을 바로 깨닫지 못한다. 그러나 이것은 실수다. 우리는 반드시 다시 행복해진다. - 에이브러햄 링컨

둥근 글씨체 문장 따라 쓰기

둥근 글씨체로 문장을 따라 쓰면서 자간과 행간도 익히며 글씨 쓰기 연습하기

◆ 1줄 문장 따라 쓰기

하늘은 용기 있는 자를 돕는다. – 테렌스

하늘은 용기 있는 자를 돕는다. – 테렌스

하늘은 용기 있는 자를 돕는다. – 테렌스

농담에는 반드시 절제가 있어야 한다. – 키케로

농담에는 반드시 절제가 있어야 한다. – 키케로

농담에는 반드시 절제가 있어야 한다. – 키케로

인생은 용서 속의 모험이다. - 노먼 커즌스

인생은 용서 속의 모험이다. - 노먼 커즌스

인생은 용서 속의 모험이다. - 노먼 커즌스

그릇이 차면 넘치고, 사람이 자만하면 이지러진다. - 《명심보감》

그릇이 차면 넘치고, 사람이 자만하면 이지러진다. - 《명심보감》

그릇이 차면 넘치고, 사람이 자만하면 이지러진다. - 《명심보감》

인생은 과감한 모험이거나, 아니면 아무것도 아니다. - 헬렌 켈러

인생은 과감한 모험이거나, 아니면 아무것도 아니다. - 헬렌 켈러

인생은 과감한 모험이거나, 아니면 아무것도 아니다. - 헬렌 켈러

상상력은 지식보다 중요하다. - 알베르트 아인슈타인

상상력은 지식보다 중요하다. - 알베르트 아인슈타인

상상력은 지식보다 중요하다. - 알베르트 아인슈타인

수영은 물속에서만 배울 수 있다. - 체코 속담

수영은 물속에서만 배울 수 있다. - 체코 속담

수영은 물속에서만 배울 수 있다. - 체코 속담

착한 사람들과 벗하면, 당신도 그들 중 한 사람이 될 것이다. - 세르반테스

착한 사람들과 벗하면, 당신도 그들 중 한 사람이 될 것이다. - 세르반테스

착한 사람들과 벗하면, 당신도 그들 중 한 사람이 될 것이다. - 세르반테스

○ 2줄 문장 따라 쓰기

행복의 한쪽 문이 닫힐 때, 다른 한쪽 문은 열린다. 하지만 우리는 그 닫힌 문만 오래 바라보느라 우리에게 열린 다른 문은 못 보곤 한다. - 헬렌 켈러

행복의 한쪽 문이 닫힐 때, 다른 한쪽 문은 열린다. 하지만 우리는 그 닫힌 문만 오래 바라보느라 우리에게 열린 다른 문은 못 보곤 한다. - 헬렌 켈러

행복의 한쪽 문이 닫힐 때, 다른 한쪽 문은 열린다. 하지만 우리는 그 닫힌 문만 오래 바라보느라 우리에게 열린 다른 문은 못 보곤 한다. - 헬렌 켈러

근원이 깊어야 강물이 흐르고, 물이 흘러야 물고기가 생기며, 뿌리가 깊어야 나무가 잘 자라고, 나무가 잘 자라야 열매를 맺는다. - 강태공

근원이 깊어야 강물이 흐르고, 물이 흘러야 물고기가 생기며, 뿌리가 깊어야 나무가 잘 자라고, 나무가 잘 자라야 열매를 맺는다. - 강태공

근원이 깊어야 강물이 흐르고, 물이 흘러야 물고기가 생기며, 뿌리가 깊어야 나무가 잘 자라고, 나무가 잘 자라야 열매를 맺는다. - 강태공

사랑이란 서로 마주 보는 것이 아니라 같은 방향을 바라보는 것임을 인생으로부터 배웠다. - 생텍쥐페리

사랑이란 서로 마주 보는 것이 아니라 같은 방향을 바라보는 것임을 인생으로부터 배웠다. - 생텍쥐페리

사랑이란 서로 마주 보는 것이 아니라 같은 방향을 바라보는 것임을 인생으로부터 배웠다. - 생텍쥐페리

저는 방랑자이면서 신사, 시인, 몽상가, 외톨이이며, 언제나 로맨스와 모험을 꿈꾸죠. - 찰리 채플린

저는 방랑자이면서 신사, 시인, 몽상가, 외톨이이며, 언제나 로맨스와 모험을 꿈꾸죠. - 찰리 채플린

저는 방랑자이면서 신사, 시인, 몽상가, 외톨이이며, 언제나 로맨스와 모험을 꿈꾸죠. - 찰리 채플린

⭕ 단락 따라 쓰기

20년 후 당신은 했던 일보다 하지 않았던 일로 인해 더 실망할 것이다. 그러므로 돛줄을 던져라. 안전한 항구를 떠나 항해하라. 당신의 돛에 무역풍을 가득 담아라. 탐험하라. 꿈꾸라. 발견하라. - 마크 트웨인

20년 후 당신은 했던 일보다 하지 않았던 일로 인해 더 실망할 것이다. 그러므로 돛줄을 던져라. 안전한 항구를 떠나 항해하라. 당신의 돛에 무역풍을 가득 담아라. 탐험하라. 꿈꾸라. 발견하라. - 마크 트웨인

20년 후 당신은 했던 일보다 하지 않았던 일로 인해 더 실망할 것이다. 그러므로 돛줄을 던져라. 안전한 항구를 떠나 항해하라. 당신의 돛에 무역풍을 가득 담아라. 탐험하라. 꿈꾸라. 발견하라. - 마크 트웨인

노트에 써 보기

거울은 자기의 표면을 깨끗하게 지켜서 다른 물건을 어떻게 비출까 하는 건 생각하지 않는다. 아름다운 것이나 누추한 것을 있는 그대로 비춘다. 사람도 이처럼 마음을 비우고 외물에 접해야 한다. - 한비자

거울은 자기의 표면을 깨끗하게 지켜서 다른 물건을 어떻게 비출까 하는 건 생각하지 않는다. 아름다운 것이나 누추한 것을 있는 그대로 비춘다. 사람도 이처럼 마음을 비우고 외물에 접해야 한다. - 한비자

거울은 자기의 표면을 깨끗하게 지켜서 다른 물건을 어떻게 비출까 하는 건 생각하지 않는다. 아름다운 것이나 누추한 것을 있는 그대로 비춘다. 사람도 이처럼 마음을 비우고 외물에 접해야 한다. - 한비자

노트에 써 보기

생활 문장
따라 쓰기

}4

01

Part 4 구성 : 활용 익히기

지금까지는 한글을 중심으로 기본 글씨체를 따라 쓰면서 글씨 쓰기 연습을 했습니다. 하지만 일상생활에서 우리가 쓰는 글씨에 한글만 있는 것은 아닙니다. 전화번호나 이메일 주소처럼 숫자와 간단한 영문을 써야 하는 때도 있습니다.

Part 4에서는 숫자와 알파벳, 일상생활에서 자주 사용하는 생활 문장 쓰기를 다양한 글씨체로 연습하며, 글의 멋을 더하는 캘리그라피도 연습해 보겠습니다.

◐ 알파벳과 숫자 쓰기

이번에는 알파벳 대소문자와 숫자 등을 따라 써 보도록 하겠습니다. 틈이 날 때마다 조금씩 연습해 보는 것이 좋습니다.

◐ 알파벳 따라 쓰기(대문자)	◐ 숫자 쓰기
A B C D E F G H I J K L M N O P Q R S A B C D E F G H I J K L M N O P Q R	1, 2, 3, 4, 5, 6, 7, 8, 9, 10, 11, 12, 13, 14, 15 30, 40, 50, 60, 70, 80, 90, 100, 200, 300, 400

◐ 생활 문장 쓰기

알파벳과 숫자를 주소 쓰기와 생활 문장 쓰기에 활용하는 연습을 하겠습니다.

◐ 두소 쓰기	◐ 연락처 쓰기
서울특별시 마포구 동교로22길 12(서교동, 463-16) 제주특별자치도 제주시 광양9길 10(이도2동, 제주시	전화번호 : 02-1234-5678 휴대폰 번호 : 010-2345-6789

연락 부탁드립니다.

동양북스 홍길동

- 연락처 -

전화번호 : 02-1234-5678

🔸 캘리 · 꾸밈 글자 쓰기

글씨체에 따라 글이 주는 느낌이 달라집니다.
이번에는 자유로운 캘리 · 꾸밈 글자를 써 본
뒤 응원의 마음을 담은 짧은 글 쓰기 연습을
하겠습니다.

캘리 · 꾸밈 글자 따라 쓰

짧은 인사말로 개성을 담은 다양한 글씨체 익히기

🔸 택에 있는 기본 글씨체

안녕하세요   안녕

안녕하세요   안녕

🔸 자주 틀리는 단어 쓰기

안정적이고 멋있게 글씨를 쓰는 것도 중요하지
만 틀린 글자를 쓰면 안 됩니다. 생활 속에서
자주 쓰이지만 잘 틀리는 단어를 살펴보며 글
씨를 따라 써 보겠습니다.

자주 틀리는 단어 따라 쓰

자주 쓰지만 틀리기 쉬운 단어를 따라 쓰며 글씨체 익히기

들어나다(X) / 드러나다(O)

'가려 있거나 보이지 않던 것이 보이게
되거나 알려지지 않은 사실이 널리 밝혀
지다'라는 의미일 때는 '드러나다'

드러나다   드러나다   ㄷ

02

다양한 문자 따라 쓰기

알파벳과 숫자를 연습하고, 생활에서 자주 사용하는 문장을 따라 쓰며 다양한 글씨체 익히기

◐ 알파벳 따라 쓰기(대문자)

A B C D E F G H I J K L M N O P Q R S T U V W X Y Z

A B C D E F G H I J K L M N O P Q R S T U V W X Y Z

A B C D E F G H I J K L M N O P Q R S T U V W X Y Z

ABCDEFGHIJKLMNOPQRSTUVWXYZ

ABCDEFGHIJKLMNOPQRSTUVWXYZ

ABCDEFGHIJKLMNOPQRSTUVWXYZ

⬡ 알파벳 따라 쓰기(소문자)

a b c d e f g h i j k l m n o p q r s t u v w x y z

a b c d e f g h i j k l m n o p q r s t u v w x y z

a b c d e f g h i j k l m n o p q r s t u v w x y z

a b c d e f g h i j k l m n o p q r s t u v w x y z

a b c d e f g h i j k l m n o p q r s t u v w x y z

a b c d e f g h i j k l m n o p q r s t u v w x y z

영문 이름 써 보기

○ 숫자 쓰기

1, 2, 3, 4, 5, 6, 7, 8, 9, 10, 11, 12, 13, 14, 15, 16, 17, 18, 19, 20,
30, 40, 50, 60, 70, 80, 90, 100, 200, 300, 400, 500, 600, 700, 800

1, 2, 3, 4, 5, 6, 7, 8, 9, 10, 11, 12, 13, 14, 15, 16, 17, 18, 19, 20,
30, 40, 50, 60, 70, 80, 90, 100, 200, 300, 400, 500, 600, 700, 800

1, 2, 3, 4, 5, 6, 7, 8, 9, 10, 11, 12, 13, 14, 15, 16, 17, 18, 19, 20,
30, 40, 50, 60, 70, 80, 90, 100, 200, 300, 400, 500, 600, 700, 800

1, 2, 3, 4, 5, 6, 7, 8, 9, 10, 11, 12, 13, 14, 15, 16, 17, 18, 19, 20, 30,
40, 50, 60, 70, 80, 90, 100, 200, 300, 400, 500, 600, 700, 800

1, 2, 3, 4, 5, 6, 7, 8, 9, 10, 11, 12, 13, 14, 15, 16, 17, 18, 19, 20, 30,
40, 50, 60, 70, 80, 90, 100, 200, 300, 400, 500, 600, 700, 800

1, 2, 3, 4, 5, 6, 7, 8, 9, 10, 11, 12, 13, 14, 15, 16, 17, 18, 19, 20, 30,
40, 50, 60, 70, 80, 90, 100, 200, 300, 400, 500, 600, 700, 800

금액 쓰기

1,000원 / 5,000원 / 10,000원 / 15,000원 / 20,000원 / 50,000원 / 100,000원 /
150,000원 / 200,000원 / 500,000원 / 1,000,000원 / 1,300,000원 / 1,500,000원
/ 2,000,000원 / 3,000,000원 / 10,000,000원 / 20,000,000원 / 100,000,000원

1,000원 / 5,000원 / 10,000원 / 15,000원 / 20,000원 / 50,000원 / 100,000원 /
150,000원 / 200,000원 / 500,000원 / 1,000,000원 / 1,300,000원 / 1,500,000원
/ 2,000,000원 / 3,000,000원 / 10,000,000원 / 20,000,000원 / 100,000,000원

1,000원 / 5,000원 / 10,000원 / 15,000원 / 20,000원 / 50,000원 / 100,000원 /
150,000원 / 200,000원 / 500,000원 / 1,000,000원 / 1,300,000원 / 1,500,000원
/ 2,000,000원 / 3,000,000원 / 10,000,000원 / 20,000,000원 / 100,000,000원

1,000원 / 5,000원 / 10,000원 / 15,000원 / 20,000원 / 50,000원 / 100,000원 /
150,000원 / 200,000원 / 500,000원 / 1,000,000원 / 1,300,000원 / 1,500,000원
/ 2,000,000원 / 3,000,000원 / 10,000,000원 / 20,000,000원 / 100,000,000원

⬡ 요일 쓰기

월요일, 화요일, 수요일, 목요일, 금요일, 토요일, 일요일, 공휴일

월요일, 화요일, 수요일, 목요일, 금요일, 토요일, 일요일, 공휴일

월요일, 화요일, 수요일, 목요일, 금요일, 토요일, 일요일, 공휴일

월요일, 화요일, 수요일, 목요일, 금요일, 토요일, 일요일, 공휴일

월요일, 화요일, 수요일, 목요일, 금요일, 토요일, 일요일, 공휴일

월요일, 화요일, 수요일, 목요일, 금요일, 토요일, 일요일, 공휴일

노트에 써 보기

◑ 월 쓰기

1월, 2월, 3월, 4월, 5월, 6월, 7월, 8월, 9월, 10월,
11월, 12월

1월, 2월, 3월, 4월, 5월, 6월, 7월, 8월, 9월, 10월,
11월, 12월

1월, 2월, 3월, 4월, 5월, 6월, 7월, 8월, 9월, 10월,
11월, 12월

1월, 2월, 3월, 4월, 5월, 6월, 7월, 8월, 9월, 10월,
11월, 12월

1월, 2월, 3월, 4월, 5월, 6월, 7월, 8월, 9월, 10월,
11월, 12월

1월, 2월, 3월, 4월, 5월, 6월, 7월, 8월, 9월, 10월,
11월, 12월

◐ 일자 쓰기

2020. 12. 25 / 2021. 8. 15 / 2022. 3. 24 / 2023. 10. 1 ~ 2023. 10. 9

2020. 12. 25 / 2021. 8. 15 / 2022. 3. 24 / 2023. 10. 1 ~ 2023. 10. 9

2020. 12. 25 / 2021. 8. 15 / 2022. 3. 24 / 2023. 10. 1 ~ 2023. 10. 9

2020. 12. 25 / 2021. 8. 15 / 2022. 3. 24 / 2023. 10. 1 ~ 2023. 10. 9

2020. 12. 25 / 2021. 8. 15 / 2022. 3. 24 / 2023. 10. 1 ~ 2023. 10. 9

2020. 12. 25 / 2021. 8. 15 / 2022. 3. 24 / 2023. 10. 1 ~ 2023. 10. 9

노트에 써 보기

⚙ 시간 쓰기

00:00~09:00/09:00~12:30/12:30~13:00/17:00~22:00/21:00~24:00

00:00~09:00/09:00~12:30/12:30~13:00/17:00~22:00/21:00~24:00

00:00~09:00/09:00~12:30/12:30~13:00/17:00~22:00/21:00~24:00

00:00~09:00 / 09:00~12:30 / 12:30~13:00 / 17:00~22:00 / 21:00~24:00

00:00~09:00 / 09:00~12:30 / 12:30~13:00 / 17:00~22:00 / 21:00~24:00

00:00~09:00 / 09:00~12:30 / 12:30~13:00 / 17:00~22:00 / 21:00~24:00

노트에 써 보기

주소 쓰기

서울특별시 마포구 동교로22길 12(서교동, 463-16)
제주특별자치도 제주시 광양9길 10(이도2동, 제주시청)

서울특별시 마포구 동교로22길 12(서교동, 463-16)
제주특별자치도 제주시 광양9길 10(이도2동, 제주시청)

서울특별시 마포구 동교로22길 12(서교동, 463-16)
제주특별자치도 제주시 광양9길 10(이도2동, 제주시청)

서울특별시 마포구 동교로22길 12(서교동, 463-16)
제주특별자치도 제주시 광양9길 10(이도2동, 제주시청)

서울특별시 마포구 동교로22길 12(서교동, 463-16)
제주특별자치도 제주시 광양9길 10(이도2동, 제주시청)

서울특별시 마포구 동교로22길 12(서교동, 463-16)
제주특별자치도 제주시 광양9길 10(이도2동, 제주시청)

○ 전화번호 쓰기

02-123-4567 / 031-123-4567 / 010-2345-6789 /

070-1234-5678 / 0082-9-8765-4321

02-123-4567 / 031-123-4567 / 010-2345-6789 /

070-1234-5678 / 0082-9-8765-4321

02-123-4567 / 031-123-4567 / 010-2345-6789 /

070-1234-5678 / 0082-9-8765-4321

02-123-4567 / 031-123-4567 / 010-2345-6789 /

070-1234-5678 / 0082-9-8765-4321

02-123-4567 / 031-123-4567 / 010-2345-6789 /

070-1234-5678 / 0082-9-8765-4321

02-123-4567 / 031-123-4567 / 010-2345-6789 /

070-1234-5678 / 0082-9-8765-4321

연락처 쓰기

전화번호 : 02-1234-5678

휴대폰 번호 : 010-2345-6789

이메일 : love1234@dongyangbooks.com

전화번호 : 02-1234-5678

휴대폰 번호 : 010-2345-6789

이메일 : love1234@dongyangbooks.com

전화번호 : 02-1234-5678

휴대폰 번호 : 010-2345-6789

이메일 : love1234@dongyangbooks.com

전화번호 : 02-1234-5678

휴대폰 번호 : 010-2345-6789

이메일 : love1234@dongyangbooks.com

노트에 써 보기

메시지 활용

연락 부탁드립니다.

동양북스 홍길동

- 연락처 -

전화번호 : 02-1234-5678

휴대폰 번호 : 010-2345-6789

이메일 : love1234@dongyangbooks.com

연락 부탁드립니다.

동양북스 홍길동

- 연락처 -

전화번호 : 02-1234-5678

휴대폰 번호 : 010-2345-6789

이메일 : love1234@dongyangbooks.com

주소 쓰기

창구소포 접수용지(개인정보보호용)

개인정보보호를 위해 기존 운송장 대신 아래 양식을 작성해 소포와 함께 제출해 주세요.
스마트폰으로 간편사전접수 시 요금할인(3~15%)과 함께 더욱 편리하게 이용 가능합니다.

- 본 용지가 접수 후 반환되는 경우 개인정보보호를 위해 반드시 폐기해 주시기 바랍니다.
- 접수 후 영수증에 인쇄된 주소가 맞는지 다시 한번 확인해 주시기 바랍니다.

간편사전접수 연결
(등기소포 3~15%할인)

고객필수 확인사항
□ 취급주의, 냉동·냉장식품은 충분한 포장이 되어있을 경우에만 접수
□ 중량은 30kg 이하, 크기는 160cm(가로+세로+높이) 이하까지 접수(단, 한변의 최대길이는 100cm 이내)
□ 손해배상 한도액 : 50만 원 이내(안심소포는 300만 원 이내)

보내는 분	성명 홍길동	주소 서울특별시 마포구 동교로22길 12 (서교동, 463-16) 1 2 3 4 5
	전화 02-1234-5678 010-2345-6789	
받는 분	성명 심청	주소 제주특별자치도 제주시 광양9길 10(이도2동, 제주시청) 1 2 3 4 5
	전화 064-1234-5678 010-2345-2648	
내용품명		□ 안심소포(물품가액 원) □ 착불소포
	□ 냉장 □ 냉동 □ 파손	2개 이상 접수 시 순번 번째

창구소포 접수용지(개인정보보호용)

개인정보보호를 위해 기존 운송장 대신 아래 양식을 작성해 소포와 함께 제출해 주세요.
스마트폰으로 간편사전접수 시 요금할인(3~15%)과 함께 더욱 편리하게 이용 가능합니다.

- 본 용지가 접수 후 반환되는 경우 개인정보보호를 위해 반드시 폐기해 주시기 바랍니다.
- 접수 후 영수증에 인쇄된 주소가 맞는지 다시 한번 확인해 주시기 바랍니다.

간편사전접수 연결
(등기소포 3~15%할인)

고객필수 확인사항
□ 취급주의, 냉동·냉장식품은 충분한 포장이 되어있을 경우에만 접수
□ 중량은 30kg 이하, 크기는 160cm(가로+세로+높이) 이하까지 접수(단, 한변의 최대길이는 100cm 이내)
□ 손해배상 한도액 : 50만 원 이내(안심소포는 300만 원 이내)

보내는 분	성명	주소
	전화	
받는 분	성명	주소
	전화	
내용품명		□ 안심소포(물품가액 원) □ 착불소포
	□ 냉장 □ 냉동 □ 파손	2개 이상 접수 시 순번 번째

편지 봉투 / 엽서 쓰기

◆ 경조사 봉투 쓰기

봉투 예시

축 결 혼

홍 길 동

※앞에 문구 쓰기　　　　　　　　※뒤에 이름 쓰기

결혼 : 축 결혼(祝結婚), 축 화혼(祝華婚), 축 성혼(祝聖婚)

축
결
혼

축
결
혼

축
화
혼

축
화
혼

축
성
혼

축
성
혼

생일 : 축 돌, 축 생일(祝生日), 축 회갑(祝回甲)

축
돌

축
돌

축
생
일

축
생
일

축
회
갑

축
회
갑

장례 : 부의(賻儀), 근조(謹弔), 추도(追悼)

부
의

부
의

근
조

근
조

추
도

추
도

◎ 다양한 행복 문구 쓰기

오늘도 힘내!

오늘도 힘내!

모두 잘 될 거야!

모두 잘 될 거야!

나에게 쓰는 편지, 오늘도 사랑해!

나에게 쓰는 편지, 오늘도 사랑해!

오늘도 수고했어, 토닥토닥!

오늘도 수고했어, 토닥토닥!

아자아자! 힘내자!

아자아자! 힘내자!

하하하! 오늘도 크게 웃어 보자!

하하하! 오늘도 크게 웃어 보자!

네가 있어 행복한 하루!

네가 있어 행복한 하루!

커피 한 잔과 함께하는 오후!

커피 한 잔과 함께하는 오후!

지칠 땐 내 어깨에 기대 보렴!

지칠 땐 내 어깨에 기대 보렴!

선물 같은 하루를 보내자!

선물 같은 하루를 보내자!

내 삶의 보물을 찾아 떠날 거야!

내 삶의 보물을 찾아 떠날 거야!

늘 지금처럼 행복하게!

늘 지금처럼 행복하게!

올 한 해도 잘 살아 보자!

올 한 해도 잘 살아 보자!

너는 나의 영원한 짝!

너는 나의 영원한 짝!

오늘도 힘내! 　　　　　　　　오늘도 힘내!

모두 잘 될 거야! 　　　　　　모두 잘 될 거야!

나에게 쓰는 편지, 오늘도 사랑해! 　　나에게 쓰는 편지, 오늘도 사랑해!

오늘도 수고했어, 토닥토닥! 　　오늘도 수고했어, 토닥토닥!

아자아자! 힘내자! 　　　　　아자아자! 힘내자!

하하하! 오늘도 크게 웃어 보자! 　　하하하! 오늘도 크게 웃어 보자!

네가 있어 행복한 하루! 　　　네가 있어 행복한 하루!

커피 한 잔과 함께하는 오후! 　　커피 한 잔과 함께하는 오후!

지칠 땐 내 어깨에 기대 보렴! 　　지칠 땐 내 어깨에 기대 보렴!

선물 같은 하루를 보내자! 　　선물 같은 하루를 보내자!

내 삶의 보물을 찾아 떠날 거야! 　　내 삶의 보물을 찾아 떠날 거야!

늘 지금처럼 행복하게! 　　　늘 지금처럼 행복하게!

올 한 해도 잘 살아 보자! 　　올 한 해도 잘 살아 보자!

너는 나의 영원한 짝! 　　　　너는 나의 영원한 짝!

03

캘리 · 꾸밈 글자 따라 쓰기

짧은 인사말로 개성을 담은 다양한 글씨체 익히기

⬡ 책에 있는 기본 글씨체

> 안녕하세요
>
> 안녕하세요

> 안녕하세요
>
> 안녕하세요

⬡ 다양한 꾸밈 글씨체 : 매직펜

> 안녕하세요
>
> 안녕하세요

> 안녕하세요
>
> 안녕하세요

> 안녕하세요
>
> 안녕하세요

> 안녕하세요
>
> 안녕하세요

> 안녕하세요
>
> 안녕하세요

> 안녕하세요
>
> 안녕하세요

안녕하세요

안녕하세요

안녕하세요

안녕하세요

안녕하세요

안녕하세요

안녕하세요

안녕하세요

◐ 다양한 꾸밈 글씨체 : 붓펜

안녕하세요

안녕하세요

안녕하세요

안녕하세요

안녕하세요

안녕하세요

안녕하세요

안녕하세요

◐ 다양한 꾸밈 글씨체 : 기타

안녕하세요

안녕하세요

안녕하세요

안녕하세요

◆ 응원 문구 쓰기

오늘도 힘내!

모두 잘 될 거야!

아자아자!
힘내자!

◯ 행복 문구 쓰기

네가 있어

행복한 하루!

커피 한 잔과

함께하는 오후!

⬡ 카드 문구 쓰기

축하합니다!

감사합니다!

행복하세요!

사랑합니다!

○ 어버이날 카드 쓰기

그동안 잘 키워 주셔서
고맙습니다.

늘 건강하세요!
사랑합니다!

◌ 생일 축하 카드 쓰기

✿ 크리스마스 카드 쓰기

Merry Christmas
행복하고 즐거운 성탄절 보내세요!

◑ 신년 카드 쓰기

04

자주 틀리는 단어 따라 쓰기

자주 쓰지만 틀리기 쉬운 단어를 따라 쓰며 글씨체 익히기

들어나다(X) / 드러나다(O)

'가려 있거나 보이지 않던 것이 보이게 되거나 알려지지 않은 사실이 널리 밝혀지다'라는 의미일 때는 '드러나다'

드러나다　드러나다　　**드러나다**　드러나다

몇 일, 몇일(X) / 며칠(O)

'몇 날'이나 '그달의 몇째 되는 날'이라는 의미일 때는 '며칠'

며칠　며칠　　**며칠**　며칠

왠일인지(X) / 웬일인지(O)

'어인 일인지, 어쩐 일인지'라는 의미일 때는 '웬일인지'

웬일인지　웬일인지　　**웬일인지**　웬일인지

금새(X) / 금세(O)

'지금 바로'라는 의미일 때는 '금세'

금세　금세　　**금세**　금세

예기(X) / 얘기(O)

'이야기'라는 의미일 때는 '얘기'

얘기	얘기	**얘기**	얘기

오랫만에(X) / 오랜만에(O)

'어떤 일이 있은 때로부터 긴 시간이 지난 뒤'라는 의미일 때는 '오랜만에'

오랜만에	오랜만에	**오랜만에**	오랜만에

문안하다(X) / 무난하다(O)

'큰 어려움이 없다'는 의미일 때는 '무난하다'

무난하다	무난하다	**무난하다**	무난하다

낳았다(X) / 나았다(O)

'병이나 상처 따위 몸의 이상이 없어지다'는 의미일 때는 '낫다'

나았다	나았다	**나았다**	나았다

어의없다(X) / 어이없다(O)

'어처구니없다'는 의미일 때는 '어이없다'

어이없다	어이없다	**어이없다**	어이없다

덥썩(X) / 덥석(O)

'갑자기 달려들어 한번에 물거나 잡는
모양'을 의미할 때는 '덥석'

| 덥석 | 덥석 | | 덥석 | 덥석 |

세째(X) / 셋째(O)

'세 번째'라는 순서를 나타낼 때는
'셋째'

| 셋째 | 셋째 | | 셋째 | 셋째 |

바램(X) / 바람(O)

'어떤 일이 이루어지기를 원하는 마음'을
의미할 때는 '바람'

| 바람 | 바람 | | 바람 | 바람 |

쉽상(X) / 십상(O)

'일이나 물건 등이 꼭 알맞은 것'을 의미
할 때는 '십상'

| 십상 | 십상 | | 십상 | 십상 |

댓가(X) / 대가(O)

'어떤 일에 들인 노력이나 보수, 결과'를
의미할 때는 '대가'

| 대가 | 대가 | | 대가 | 대가 |

깨끗히(X) / 깨끗이(O)

'더럽지 않다'라는 의미일 때는 '깨끗이'

깨끗이	깨끗이		깨끗이	깨끗이

요세(X) / 요새(O)

'얼마 전부터 이제까지의 매우 짧은
동안'을 의미할 때는 '요새'

요새	요새		요새	요새

희안하다(X) / 희한하다(O)

'매우 드물거나 신기하다'를 의미할 때는
'희한하다'

희한하다	희한하다		희한하다	희한하다

설레임(X) / 설렘(O)

'설레다'의 명사형으로 사용할 때는
'설렘'

설렘	설렘		설렘	설렘

움추리다(X) / 움츠리다(O)

'겁을 먹거나 위압감 때문에 기나 풀이
죽은 상태'를 의미할 때는 '움츠리다'

움츠리다	움츠리다		움츠리다	움츠리다

눈쌀(X) / 눈살(O)

'두 눈썹 사이에 있는 주름'을 의미할
때는 '눈살'

눈살　눈살　　　　　**눈살**　눈살

단언컨데(X) / 단언컨대(O)

'주저하지 않고 딱 잘라 말하는 것'을
의미할 때는 '단언컨대'

단언컨대　단언컨대　　**단언컨대**　단언컨대

궂이(X) / 굳이(O)

'마음을 써서 일부러'라는 의미일 때는
'굳이'

굳이　굳이　　　　　**굳이**　굳이

그럴려고(X) / 그러려고(O)

'그렇게 하려고'의 의미일 때는 '그러려고'

그러려고　그러려고　　**그러려고**　그러려고

어떻하지(X) / 어떡하지(O)

'어떠하게 하지'라는 의미일 때는
'어떡하지'

어떡하지　어떡하지　　**어떡하지**　어떡하지

불리우다(X) / 불리다(O)

'부르다'의 피동형으로 쓰일 때는
'불리다'

불리다　불리다　　　　**불리다**　불리다

담배를 피다(X) / 담배를 피우다(O)

'어떤 물질에 불을 붙여 연기를 빨아들
였다'는 의미일 때는 '피우다'

담배를 피우다　담배를 피우다　**담배를 피우다**　담배를 피우다

정답을 맞추다(X) / 정답을 맞히다(O)

'문제에 대한 답을 틀리지 않게 하다'는
의미일 때는 '맞히다'

정답을 맞히다　정답을 맞히다　**정답을 맞히다**　정답을 맞히다

않하고, 않돼, 않된다(X) / 안 하고, 안 돼, 안 된다(O)

'하지 않는다'라는 의미일 때는 '안'

안 하고, 안 돼, 안 된다　안 하고, 안 돼, 안 된다

안 하고, 안 돼, 안 된다　안 하고, 안 돼, 안 된다

내용에 어울리는
글씨체 따라 쓰기 }5

01

Part 5 구성 : 내용에 따른 글씨체 쓰기

글씨에도 감정이 있어서 누군가가 써 놓은 글씨를 보면 그 사람의 성격이나 감정을 느낄 수가 있습니다. 그래서 글의 내용에 따라 귀여운 글씨체를 쓰기도 하고 정자체를 쓰기도 합니다.

Part 5에서는 글의 내용에 따라 어떤 글씨체가 어울리는지 살펴보고 그 글씨체를 따라 써 보도록 하겠습니다. 글씨를 따라 쓸 때는 글의 내용에 따라 어떤 글씨가 어울릴지를 생각하며 연습하는 것이 좋습니다. 또 글씨를 잘 써야 한다고 해서 시간이 너무 오래 걸리면 안 되겠지요? 글씨 쓰기가 어느 정도 익숙해지면 쓰는 속도를 확인하며 조금씩 빨리 쓰도록 연습하는 것도 좋습니다.

◑ 같은 글 다른 글씨체

같은 내용의 글이라도 글씨체에 따라 느낌이 달라질 수 있습니다. 글씨를 쓰기 전에 어떤 글씨체가 어울릴지 생각해 보고 글씨를 쓰도록 합니다.

내를 건너서 숲으로
고개를 넘어서 마을로
어제도 가고 오늘도 갈
나의 길 새로운 길

둥근 글씨체

내를 건너서 숲으로
고개를 넘어서 마을로
어제도 가고 오늘도 갈
나의 길 새로운 길

필기체

※ 윤동주의 〈새로운 길〉을 둥근 글씨체와 필기체로 써 보았는데 글이 주는 느낌이 다릅니다.

◎ 딱딱한 내용에 어울리는 서체는?

지식이나 정보 전달처럼 비교적 딱딱한 글은 내용을 파악하는 것이 중요하기 때문에 가독성이 좋은 바탕체(명조체)가 어울립니다.

글을 쓸 때는 띄어쓰기를 정확하고 확실하게
하도록 연습해야 합니다.

바탕체(명조체)

글을 쓸 때는 띄어쓰기를 정확하고 확실하게
하도록 연습해야 합니다.

둥근 글씨체

◎ 부드러운 내용에 어울리는 글씨체는?

에세이처럼 누구나 편안하게 읽을 수 있는 내용을 쓸 때는 글을 부드럽게 해주는 글씨체가 어울립니다.

장난 걸고 싶은 상대에게 나 혼자 은밀히 걸어
보는 장난. 그게 제일 좋을 것 같다.

둥근 글씨체

장난 걸고 싶은 상대에게 나 혼자 은밀히 걸
어보는 장난. 그게 제일 좋을 것 같다.

손글씨체

◎ 의지나 투정의 내용에 어울리는 글씨체는?

윤동주의 〈서시〉처럼 강한 의지를 표현하고 싶을 때는 글에 힘이 느껴지는 글씨체가 어울립니다.

죽는 날까지 하늘을 우러러
한점 부끄럼이 없기를

바탕체(명조체)

죽는 날까지 하늘을 우러러
한점 부끄럼이 없기를

필기체

02

내용에 맞는 글씨체 따라 쓰기

여러 종류의 글을 따라 쓰며 다양한 글씨체를 익히고 글씨 쓰는 속도 확인하기

◎ 책 속 문장 따라 쓰기 : 바탕체(명조체)

늙는다는 것이나 병은 괴로운 게 아니다. 당신의 마음을 풍요롭게 해주는 친
구라고 생각하면 된다.
　- 오자와 다케토시, 《살아라, 오늘이 마지막 날인 것처럼》 중에서

늙는다는 것이나 병은 괴로운 게 아니다. 당신의 마음을 풍요롭게 해주는 친
구라고 생각하면 된다.
　- 오자와 다케토시, 《살아라, 오늘이 마지막 날인 것처럼》 중에서

'나는 재수가 좋아', '재능이 넘치고, 운이 좋은데다 매력도 있어'라고 생각
한다면 그에 걸맞는 일이나 결과가 나타나기 시작하고, 스스로도 자신을 대
단한 사람이라고 인식하게 됩니다.

　- 고코로야 진노스케, 《좋아하는 일만 하며 사는 법》 중에서

'나는 재수가 좋아', '재능이 넘치고, 운이 좋은데다 매력도 있어'라고 생각
한다면 그에 걸맞는 일이나 결과가 나타나기 시작하고, 스스로도 자신을 대
단한 사람이라고 인식하게 됩니다.

　- 고코로야 진노스케, 《좋아하는 일만 하며 사는 법》 중에서

절대 놓치고 싶지 않은 일, 열정을 바치고 싶은 꿈이 있다면 앞뒤 잴 것 없이 뛰어들면 된다. 그러나 가끔 걸림돌이나 장애물을 만날 때가 있다. 날아올라서 잡을 수 없다면 느릿느릿 걸어서라도 반드시 잡길 바란다.

- 로먼 겔페린,《정말 하고 싶은데 너무 하기 싫어》중에서

인간은 본래 다른 누군가와 서로 지지해주고 때로는 서로 신세를 지면서 살

아가는 법입니다. 설령 육체는 이 세상에서 사라지더라도 소중한 것을 생각

하는 마음 그리고 중요한 사람들과의 유대감은 계속 남습니다. - 오자와

다케토시,《살아라, 오늘이 마지막 날인 것처럼》중에서

⬡ 에세이 등 부드러운 문장 따라 쓰기 : 논글씨체

웃음이 있는 한 인생은 살 만한 가치가 있어요. - 루시 몽고메리

웃음이 있는 한 인생은 살 만한 가치가 있어요. - 루시 몽고메리

웃음이 있는 한 인생은 살 만한 가치가 있어요. - 루시 몽고메리

사랑은 눈으로 보지 않고 마음으로 보는 거지. - 윌리엄 셰익스피어

사랑은 눈으로 보지 않고 마음으로 보는 거지. - 윌리엄 셰익스피어

사랑은 눈으로 보지 않고 마음으로 보는 거지. - 윌리엄 셰익스피어

산고를 겪어야 새 생명이 태어나고 꽃샘추위를 겪어야 봄이 오며 어둠이 지나야

새벽이 온다. - 김구

산고를 겪어야 새 생명이 태어나고 꽃샘추위를 겪어야 봄이 오며 어둠이 지나야

새벽이 온다. - 김구

산고를 겪어야 새 생명이 태어나고 꽃샘추위를 겪어야 봄이 오며 어둠이 지나야

새벽이 온다. - 김구

이루고 못 이루고는 하늘에 맡기고 사명과 의무를 다하고자 노력하다가 죽는 것이
얼마나 가치 있는가. - 우당 이회영

(:)

이루고 못 이루고는 하늘에 맡기고 사명과 의무를 다하고자 노력하다가 죽는 것이
얼마나 가치 있는가. - 우당 이회영

(:)

(:)

(:)

노트에 써 보기

하지만 그저 평범하고 아무런 사건도 겪지 않은 사람은 이 세상에 한 명도 없습
니다. 또한 어떤 인생을 보냈든 거기에는 반드시 어떤 의미가 있습니다. 그것이
지금까지 간호를 통해 수많은 환자분들의 인생을 지켜보며 제가 느낀 점입니다.
- 오자와 다케토시, 《살아라, 오늘이 마지막 날인 것처럼》 중에서

하지만 그저 평범하고 아무런 사건도 겪지 않은 사람은 이 세상에 한 명도 없습
니다. 또한 어떤 인생을 보냈든 거기에는 반드시 어떤 의미가 있습니다. 그것이
지금까지 간호를 통해 수많은 환자분들의 인생을 지켜보며 제가 느낀 점입니다.
- 오자와 다케토시, 《살아라, 오늘이 마지막 날인 것처럼》 중에서

너희는 아름답지만 공허해. 너희를 위해서 죽을 누군가가 없으니까. 물론 나의 꽃도 지나가는 이들에겐 너희와 다를 바 없겠지. 하지만 나에게는 그 꽃 한 송이가 너희 모두를 합친 것보다 소중해. 내가 직접 물을 준 꽃이니까.

- 생텍쥐페리, 《어린 왕자》 중에서

부정적 감정의 방향을 돌리는 방법은 행동의 결과와 관계가 있다. 최종적으로 감정이 해소돼야 하기 때문이다. 그러나 긍정적 감정의 경우에는 행동 자체와 관련이 있다. 어떤 행동을 하든 그 자체에서 즐거움을 느끼고 있기 때문이다. - 로먼 겔페린, 《정말 하고 싶은데 너무 하기 싫어》 중에서

자신의 인생에서 도망치지 않겠다고 결심했을 때

회복의 순간은 찾아온 것이다. 그리고 자신의 경험을 통해

융은 정신적인 증상이 고통에서 도망침으로써 생긴다는 것,

그러므로 그 고통과 마주하는 것 외에

진정한 극복은 없다는 것을 체득했던 것이다.

- 오카다 다카시, 《나는 왜 혼자가 편할까?》 중에서

자신의 인생에서 도망치지 않겠다고 결심했을 때

회복의 순간은 찾아온 것이다. 그리고 자신의 경험을 통해

융은 정신적인 증상이 고통에서 도망침으로써 생긴다는 것,

그러므로 그 고통과 마주하는 것 외에

진정한 극복은 없다는 것을 체득했던 것이다.

- 오카다 다카시, 《나는 왜 혼자가 편할까?》 중에서

좋은 사람인 척하는 걸 그만두었더니 일도 잘 풀리고 일상이 즐거워지더군요.

좋은 사람인 척하고 있기 때문에 싫은 사람들이 모여드는 겁니다.

자기감정에 솔직해지면, 다시 말해 미운 사람이 되기로 마음먹으면

좋은 기운과 함께 좋은 사람이 주변에 모여들게 됩니다.

– 고코로야 진노스케, 《좋아하는 일만 하며 사는 법》 중에서

좋은 사람인 척하는 걸 그만두었더니 일도 잘 풀리고 일상이 즐거워지더

군요. 좋은 사람인 척하고 있기 때문에 싫은 사람들이 모여드는 겁니다.

자기감정에 솔직해지면, 다시 말해 미운 사람이 되기로 마음먹으면

좋은 기운과 함께 좋은 사람이 주변에 모여들게 됩니다.

– 고코로야 진노스케, 《좋아하는 일만 하며 사는 법》 중에서

시 따라 쓰기 : 손글씨체, 필기체

(:)

눈 - 윤동주

눈 - 윤동주

지난밤에

지난밤에

눈이 소-복이 왔네

눈이 소-복이 왔네

지붕이랑

지붕이랑

길이랑 밭이랑

길이랑 밭이랑

추워한다고

추워한다고

덮어주는 이불인가 봐

덮어주는 이불인가 봐

그러기에

그러기에

추운 겨울에만 나리지

추운 겨울에만 나리지

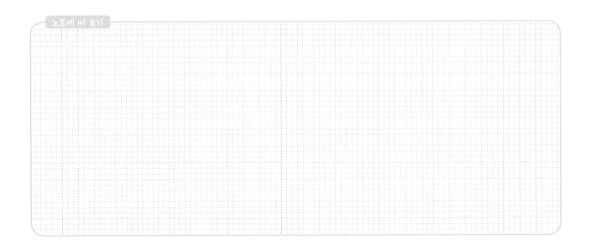
노트에 써 보기

눈 - 윤동주

눈 - 윤동주

지난밤에

눈이 소-복이 왔네

지붕이랑

길이랑 밭이랑

추워한다고

덮어주는 이불인가 봐

그러기에

추운 겨울에만 나리지

지난밤에

눈이 소-복이 왔네

지붕이랑

길이랑 밭이랑

추워한다고

덮어주는 이불인가 봐

그러기에

추운 겨울에만 나리지

노트에 써 보기

꿈밭에 봄마음 - 김영랑 　　　　　꿈밭에 봄마음 - 김영랑

구비진 돌담을 돌아서 돌아서 　　　구비진 돌담을 돌아서 돌아서

달이 흐른다 놀이 흐른다 　　　　　달이 흐른다 놀이 흐른다

하이얀 그림자 　　　　　　　　　하이얀 그림자

은실을 즈르르 몰아서 　　　　　　은실을 즈르르 몰아서

꿈밭에 봄마음 가고가고 또 간다 　꿈밭에 봄마음 가고가고 또 간다

꿈밭에 봄마음 - 김영랑 　　　　　꿈밭에 봄마음 - 김영랑

구비진 돌담을 돌아서 돌아서 　　　구비진 돌담을 돌아서 돌아서

달이 흐른다 놀이 흐른다 　　　　　달이 흐른다 놀이 흐른다

하이얀 그림자 　　　　　　　　　하이얀 그림자

은실을 즈르르 몰아서 　　　　　　은실을 즈르르 몰아서

꿈밭에 봄마음 가고가고 또 간다 　꿈밭에 봄마음 가고가고 또 간다

노트에 써 보기

호수 - 정지용

얼굴 하나야

손바닥 둘로

폭 가리지만,

보고 싶은 마음

호수만 하니

눈 감을밖에

호수 - 정지용

얼굴 하나야

손바닥 둘로

폭 가리지만,

보고 싶은 마음

호수만 하니

눈 감을밖에